# MUSIK ZUR BIBEL

DAS ALTE UND NEUE TESTAMENT AUF 2 CDS

TEXTE VON HÉLÈNE BLESKINE NACH DER BIBEL

ERATO

arsEdition

# Das Alte Testament
# Die Schöpfung, erster und zweiter Tag
## Das Chaos und die Erschaffung von Himmel und Erde (Gen 1)

Im Anfang schuf Gott Himmel und Erde;
die Erde aber war wüst und leer.
Finsternis lag über der Urflut und
Gottes Geist schwebte über dem Wasser.
Gott sprach:
»Es werde Licht.«
Und es wurde Licht.

*Und der Geist Gottes schwebte*
*auf der Fläche der Wasser und Gott sprach:*
*»Es werde Licht!«*
*Und es ward Licht.*

Gott schied das Licht von der Finsternis.
Es wurde Abend und es wurde Morgen: erster Tag.
Gott sprach:
»Ein Gewölbe scheide Wasser von Wasser.«
So geschah es.
Gott nannte das Gewölbe Himmel.
Abend und Morgen: zweiter Tag.

Französische Miniatur (14. Jh.)

**CD 1** – 1: **Rebel**, *Les Élements, Le Chaos*
**Haydn**, *Die Schöpfung (Chor: »Und der Geist Gottes schwebte ...«)*

# Die Schöpfung, dritter und vierter Tag

## Die Trennung des Wassers vom Land und die Erschaffung der Gestirne (Gen 1)

Gott sprach:
»Das Trockene werde sichtbar!«
Und es geschah.

*Rollend in schäumenden Wellen*
*bewegt sich ungestüm das Meer.*
*Hügel und Felsen erscheinen,*
*der Berge Gipfel steigt empor.*

Dann sprach Gott:
»Das Land lasse junges Grün wachsen,
Bäume, die Früchte bringen mit ihrem Samen darin!«
Er sah, dass es gut war.
Dritter Tag.

Er sprach weiter:
»Lichtkörper sollen über die Erde hin leuchten!«
Gott machte die beiden großen Lichter,
die über Tag und Nacht herrschen,
und auch die Sterne.
Vierter Tag.

Miniatur (um 1434

**CD 1** – 2: **Haydn**, *Die Schöpfung (Arie des Raffael: »Rollend in schäumenden Wellen«)*
**Haydn**, *Die Schöpfung (Einleitung zu »In vollem Glanze steiget jetzt die Sonne strahlend auf«*

# Der Abschluss der Schöpfung

## Die Erschaffung der Tiere und der Menschen (Gen 1,2)

Gott sprach:
»Das Wasser wimmle von lebendigen Wesen,
Vögel fliegen am Himmelsgewölbe dahin!«
Er sah, dass es gut war.
Und Gott sprach:
»Seid fruchtbar und mehret euch,
erfüllt die Meere und das Land.«
Fünfter Tag.

Er sprach:
»Lasst uns Menschen machen als unser Abbild, das uns ähnlich ist.«
Gott schuf also die Menschen als sein Abbild;
als Mann und Frau schuf er sie.
Er segnete sie und sprach:
»Seid fruchtbar und vermehrt euch und pflegt meine Schöpfung!«
Und so war es.
Gott sah alles an, was er gemacht hatte: Es war sehr gut.
Es wurde Abend und es wurde Morgen: der sechste Tag.

*Vollendet ist das große Werk,*
*der Schöpfer siehts und freuet sich.*
*Auch unsre Freud erschalle laut,*
*des Herren Lob sei unser Lied!*

So wurden Himmel und Erde vollendet und ihr ganzes Gefüge.
Und Gott ruhte am siebten Tag.

Michelangelo,
*Die Erschaffung Adams* (1512)



**CD 1** – 3: **Haydn**, *Die Schöpfung (Chor: »Vollendet ist das große Werk ...«)*

# Das Paradies auf Erden

## Die Frucht der Erkenntnis (Gen 2)

Gott hatte einen herrlichen Garten angelegt, hatte Bäume gepflanzt,
verlockend anzusehen, mit köstlichen Früchten,
in der Mitte des Gartens aber standen der Baum der Erkenntnis
von Gut und Böse und der Baum des Lebens.

Gott setzte den Menschen in den Garten,
um ihn zu bebauen und zu bewahren,
und gebot ihm:
»Esse nicht vom Baum der Erkenntnis von Gut und Böse;
denn wenn du seine Frucht isst, wirst du sterben!«

Gott sprach:
»Es ist nicht gut, dass der Mensch allein bleibt!«
Er ließ einen tiefen Schlaf auf Adam fallen, nahm eine seiner Rippen
und formte aus ihr eine Frau.
Adam und Eva waren beide nackt, aber sie erröteten nicht voreinander.

Die Schlange war schlauer als alle Tiere der Erde. Sie sagte zu der Frau:
»Warum hat Gott euch geboten,
nicht von dem Baum in der Mitte des Gartens zu essen?«
Die Frau entgegnete ihr:
»Damit wir nicht sterben!«
Doch die Schlange sagte:
»Ihr werdet nicht sterben! Die Augen werden euch aufgehen.
Ihr werdet wie Gott und erkennt Gut und Böse.«

Hieronymus Bosch,
*Der Garten der Lüste* (1485–1505)

**CD 1** – 4: Schilderung des irdischen Paradieses

# Der Sündenfall

## Adam und Eva werden aus dem Paradies vertrieben (Gen 3)

Da sah die Frau, dass es köstlich wäre, die Frucht des Baumes zu essen. Sie aß davon. Sie gab ihrem Mann die Frucht und auch er aß. Und ihre Augen gingen ihnen auf; sie erkannten, dass sie nackt waren, und machten sich einen Schurz aus Feigenblättern.
Als sie merkten, dass Gott, der Herr, im Garten spazieren ging, versteckten sie sich zwischen den Bäumen des Gartens.
Gott rief: »Adam, wo bist du?«
Adam antwortete: »Ich fürchtete mich vor dir, weil ich nackt bin, darum verstecke ich mich.«

| | |
|---|---|
| *Adamo: Ah! Formidabil suono!* | Adam: Ach! Schreckliches Getöse! |
| *Eva: Parmi di chiara tromba* | Eva: Wie die Posaune, |
| *che di lontan rimbomba!* | die aus der Ferne hell erklingt! |
| *Adamo: Benchè lontana, affreta* | Adam: Wohl fern, doch kommt sie näher, |
| *foriera di vendetta!* | Rache verkündet sie. |
| *Adamo, Eva: Come sperar pietà?* | Adam, Eva: Wie könnten wir Gnade erhoffen? |
| *Adamo: Andiame, andiame altrove!* | Adam: Gehen wir, gehen wir, fort von hier! |
| *Eva: Fuggiam, fuggiam, ma dove?* | Eva: Fliehen wir, fliehen wir, doch wohin? |
| *Adamo, Eva: Da quella luce immensa* | Adam, Eva: Vor diesem gewaltigen Licht, |
| *ch'entro di noi s'interna,* | das uns umgibt, gefangen nimmt, |
| *qual notte o qual caverne* | welche Nacht, welche Höhle, |
| *nasconderci potrà?* | könnte uns noch verbergen? |

Gott sprach: »Hast du von dem verbotenen Baum gegessen?«
Adam antwortete:
»Meine Gefährtin hat mir die Frucht gegeben, so habe ich gegessen.«
Da sprach Gott zu Eva: »Warum hast du das getan?«
Und Eva antwortete: »Die Schlange hat mich getäuscht, da aß ich.«
Da sprach Gott zu Eva: »Unter Schmerzen wirst du gebären.
Du wirst nach deinem Mann Verlangen haben, er aber wird über dich herrschen.«
Und zu Adam sprach er: »Ja, Staub bist du und zum Staub wirst du zurückkehren!«

Und Gott vertrieb sie aus dem Garten Eden.

Masaccio, *Die Vertreibung aus dem Paradies* (um 1425)



**CD 1** – 5: **Galuppi**, *Der Fall Adams (Duett von Adam und Eva: »Ah! Formidabil suono!«)*

# Die Arche Noah

## Die Sintflut (Gen 6, 7, 8)

Nachdem die Menschen begonnen hatten, sich über die Erde hin zu verbreiten,
sah Gott, dass all ihr Sinnen und Trachten böse war.
Da reute es ihn, den Menschen gemacht zu haben, und es tat seinem Herzen weh.
Er wollte den Menschen vom Erdboden vertilgen und mit ihm auch alle Tiere.
Doch Noah fand Gnade in den Augen des Herrn, denn er war ein gerechter Mann
und ohne Tadel unter seinen Zeitgenossen.
Gott sprach zu Noah:
»Mach dir eine Arche aus Nadelholz, mit einer Luke, denn ich will die Flut
über die Erde bringen und alles, was auf der Erde lebt, verderben.«

| | |
|---|---|
| *Elevaverunt flumina, Domine,* | Die Flüsse, o Herr, sind angeschwollen, |
| *elevaverunt flumina vocem suam,* | die Flüsse, o Herr, haben ihre Stimmen erhoben. |
| *elevaverunt flumina fluctus suos,* | die Flüsse haben ihre Fluten ansteigen lassen, |
| | |
| *A vocibus aquarum multarum.* | Wasser, die mit lauten Stimmen brüllen. |
| *Mirabiles elationes maris;* | Wunderbar ist das Ansteigen der Meere; |
| *mirabilis in altis Dominus.* | wunderbarer aber ist Gott in der Höhe. |

Da verendete alles, was auf der Erde gelebt hatte,
kam um und wurde vom Erdboden vertilgt.
Übrig blieben nur Noah und jene, die mit ihm in der Arche waren.
Noah öffnete die Luke und ließ einen Raben fliegen, dann eine Taube.
Sie kam zurück, einen frischen Olivenzweig im Schnabel.
Und Noah sah, dass die Erdoberfläche trocken war. Er baute Gott einen Altar
und brachte ihm Tiere als Opfer dar.
Und Gott beschloss bei sich, nie wieder alles Lebendige zu vernichten.
Noah hatte drei Söhne, die mit ihm von der Arche an Land gingen:
Sem, Ham und Jafet. Von ihnen stammen alle Völker der Erde ab.

Illustration von Olivier Tallec (1999)



**CD 1** – 6: **Mondonville**, *Motette: »Dominus regnavit«*

# Der Turmbau zu Babel

## Von Noah bis Abraham (Gen 11)

Nachdem sie von Osten aufgebrochen waren,
kamen die Menschen auf eine Ebene.

Sie sagten zueinander:
»Lasst uns Lehmziegel herstellen und im Feuer brennen.
Bauen wir uns eine Stadt und einen Turm mit einer Spitze bis zum Himmel,
zu unserem Ruhme! Dann werden wir uns nicht über die ganze Welt zerstreuen.«

Damals gab es auf der Erde nur eine Sprache
und eine Art zu sprechen.

Da stieg Gott auf die Erde herab, um sich die Stadt und den Turm anzusehen,
die Adams Kinder erbaut hatten.
Und er sprach:
»Das ist der Anfang ihres Tuns!
Alles, was sie wollen, werden sie erreichen!
Wir werden ihre Sprache verwirren,
damit keiner mehr den anderen versteht.«

Und Gott zerstreute sie.

Seit dem Turmbau zu Babel sind die Menschen nicht mehr geeint.
Aus Noahs Familie sind alle Völker der Erde hervorgegangen.

Pieter Bruegel d. Ä.,
*Der Turmbau zu Babel* (1563)

**CD 1** – 7: **Anonymus**, *Le Roman de Fauvel: Charivari*

# Abrahams Wanderung

## Abraham in Kanaan und in Ägypten (Gen 12)

| | |
|---|---|
| *Cuando el rey Nimrod* | Als König Nimrod |
| *al campo salia* | aufs Feld hinausging, |
| *mirava en el cielo* | sah er zum Himmel empor |
| *y en la estreyeria* | und zu den Sternen, |
| *vido una luz santa* | da sah er ein heiliges Licht |
| *en la djuderia,* | im Judenviertel, |
| *que avia de nacer* | dort, wo soeben |
| *Avraham avinu.* | Abraham, unser Vater, zur Welt kam. |
| *Avraham avinu,* | Abraham, unser Vater, |
| *Padre querido,* | geliebter Vater, |
| *Padre benedicho,* | gesegneter Vater, |
| *Luz de Israël!* | Licht Israels! |

Der Herr sprach zu Abraham, Nachkomme Sems, Sohn Noahs:
»Verlasse dein Land, das Haus deines Vaters,
und geh in das Land, das ich dir zeigen werde.
Ich werde dich zu einem großen Volk machen.
Ein Segen sollst du sein
und durch dich sollen alle Völker der Erde gesegnet sein.«

Abraham war fünfundsiebzig Jahre alt,
als er aus Haran in Mesopotamien fortzog und nach Kanaan wanderte.
Er nahm Sarah, seine Frau, mit und seinen Neffen Lot und all ihre Habe.
Er erreichte die Berge im Osten von Bet-El und errichtete dort sein Zelt
und baute dort dem Herrn einen Altar.
Dann zog er weiter, dem Negeb zu.

Aber die Hungersnot war über das Land gekommen und so ging Abraham nach Ägypten,
um dort als Fremder zu leben.

Illustration von Olivier André (1999)

**CD 1** – 8: **Anonymus**, *»Cuando el rey Nimrod«*
**Anonymus**, *»En ciudad noble y encina«*

# Abrahams Nachkommenschaft

## Ismael und Isaak (Gen 13, 16, 17, 18, 21)

Abraham nahm die Wanderung wieder auf und kehrte nach Bet-El zurück,
den Ort, an dem anfangs sein Zelt gestanden hatte.

Gott erschien Abraham und sprach zu ihm:
»Sieh zum Himmel empor und zähle die Sterne.
So zahlreich werden deine Nachkommen sein!«
Und Abraham glaubte dem Herrn
und der Herr rechnete es Abraham als Gerechtigkeit an.
In den zehn Jahren, die sie schon in Kanaan verbracht hatten,
hatte Sara ihm kein Kind geschenkt.
Sie hatte eine ägyptische Magd namens Hagar.
Sara sagte zu Abraham: »Gehe zu Hagar, vielleicht wird sie einen Sohn für mich gebären.«

Abraham ging zu Hagar und sie wurde schwanger.
Abraham war sechsundachtzig Jahre alt, als Hagar ihm Ismael gebar.

Abraham saß in der Zeit der Mittagshitze am Zelteingang, als er drei Männer erblickte.
Er lud sie ein, sich auszuruhen. Sie aßen im Schatten eines Baumes und fragten
Abraham, wo Sara sei. Er erwiderte, sie sei im Zelt. Einer der Männer verkündete,
dass Sara in einem Jahr an diesem Ort einen Sohn gebären würde.

Der Herr hielt Wort. Sara schenkte Abraham im Alter doch noch einen Sohn.
Abraham war hundert Jahre alt, als sein Sohn Isaak zur Welt kam.

Die Lebensjahre Abrahams waren hundertfünfundsiebzig an der Zahl.
Er starb in hohem Alter, betagt und lebenssatt.

Victor Orsel, *Sara stellt Abraham Hagar vor* (1820)

# Jakobs Traum

## Die Himmelsleiter (Gen 28)

Jakob, der Sohn Isaaks, verließ Beerscheba
und ging nach Haran in Mesopotamien.

Als die Sonne unterging, nahm er einen Stein,
legte ihn unter seinen Kopf und schlief ein.
Da hatte er einen Traum:

Er sah eine Leiter, die auf der Erde stand und bis zum Himmel reichte.
Auf ihr stiegen Engel auf und nieder.
Und er sah den Herrn, der da sprach:
»Ich bin der Gott deines Vaters Abraham und der Gott Isaaks.
Das Land, auf dem du liegst,
will ich dir und deinen Nachkommen geben.
Ich bin mit dir, ich behüte dich, wohin du auch gehst,
und werde dich in dieses Land zurückbringen.«

Die Söhne von Jakob waren zwölf an der Zahl.
Jakob blieb in dem Land, durch das sein Vater gewandert war, das Land Kanaan.

Illustration von Nicolas Thers (1999)

**CD 1** – 10: **Milhaud**, *Les rêves de Jacob (Premier rêve: L'Échelle)*

# Josef in Ägypten

## Josef und seine Brüder (Gen 37, 39 bis 50)

Jakob liebte Josef unter all seinen Söhnen am meisten, weil er ihm im hohen Alter geboren worden war. Josefs Brüder hassten ihn, verschworen sich gegen ihn und verkauften ihn für 20 Silberstücke an Ismaeliter, die nach Ägypten unterwegs waren.

In Ägypten ergab es sich, dass Josef die Träume des Pharaos deutete und zum Verwalter von Ägypten ernannt wurde. In sieben Jahren des Überflusses speicherte er das Getreide in großen Mengen für die Jahre der Hungersnot.

Die Hungersnot brach über alle Länder herein und Josef öffnete alle Speicher. Jakob, sein Vater und seine ganze Familie kamen nach Ägypten, um Getreide zu kaufen, und Josef wies ihnen Grundbesitz im Gebiet des Pharaos Ramses zu.

Als die Zeit kam, da Jakob sterben sollte, rief er seinen Sohn Josef und segnete dessen beide Söhne Manasse und Efraim. Er sagte:
»Sieh, ich muss sterben. Gott wird mit euch sein
und euch in das Land eurer Väter zurückbringen.«

Darauf rief Jakob seine Söhne und sagte ihnen,
was ihnen begegnen würde in künftigen Tagen.
Ruben, Simeon, Levi, Juda, Sebulon, Issachar, Dan, Gad, Ascher, Naftali, Josef und Benjamin.
Sie alle sind die zwölf Stämme Israels.

Josef blieb in Ägypten. Er wurde hundertzehn Jahre alt, dann starb er.
Alle seine Brüder starben mit der Zeit, und alle seine Zeitgenossen.

Jean-Adrien Guignet,
*Josef deutet den Traum des Pharaos* (1845)



**CD 1** – 11: **Händel**, *Israel in Ägypten: Klagen der Israeliten über den Tod Josefs*

# Der brennende Dornbusch

## Die Knechtschaft der Israeliten und die Berufung Moses (Ex 1 bis 4)

Die Söhne Israels waren fruchtbar, vermehrten sich und wurden stark.
Da kam in Ägypten ein neuer Pharao an die Macht, der Josef nicht gekannt hatte.
Er erklärte die Israeliten zu Knechten und setzte Fronvögte über sie,
denn die Israeliten sollten sich nicht weiter vermehren.
Der Pharao ging grausam gegen die Israeliten vor und bürdete ihnen harte Arbeit auf
beim Städtebau und auf den Feldern.
Die Kinder Israels wehklagten und ihr Hilferuf stieg zu Gott empor.

| | |
|---|---|
| *And the children of Israel sighed by reason* | Und die Kinder Israels wehklagten |
| *of the bondage: And their cry came up onto God.* | über ihre Knechtschaft: Und ihr Ruf stieg zu Gott empor. |
| *They oppress'd them with burdens,* | Sie machten ihr Leben mit Arbeit schwer |
| *and made them serve with rigour.* | und zwangen sie mit Strenge zum Dienen. |

Moses war Hirte.
Eines Tages trieb er die Schafe über die Weide hinaus und kam zum Gottesberg.

Dort erschien ihm ein Engel des Herrn als Flamme in einem Dornbusch,
doch der Busch verbrannte nicht.
»Moses, Moses!
Ich bin der Gott deines Vaters, der Gott Abrahams, Isaaks und Jakobs.
Lege deine Schuhe ab; denn der Boden ist heilig, auf dem du stehst.
Ich habe das Elend meines Volkes gesehen.
Jetzt sende ich dich zum Pharao, auf dass du mein Volk,
die Kinder Israels, aus Ägypten führst!«
Und Moses sprach: »Wer bin ich denn, dass ich deinen Auftrag zu erfüllen vermag?«
»So nimm deinen Bruder Aaron mit. Ich werde euch anweisen, was ihr tun sollt.
Aaron wird für dich zum Volk reden!
Nimm deinen Stab! Mit ihm wirst du Zeichen vollbringen.«

Raffael, *Moses vor dem brennenden Dornbusch* (um 1515)

**CD 1** – 12: **Händel**, *Israel in Ägypten (Chor: »And the children of Israel ...«)*

# Die Geissel Ägyptens

## Die ägyptischen Plagen und der Auszug aus Ägypten (Ex 5 bis 13)

Danach gingen Moses und Aaron zum Pharao und baten ihn,
ihr Volk in die Wüste ziehen zu lassen. Der Pharao erwiderte:
»Wer ist euer Gott, dass ich auf ihn hören soll?
Ich kenne ihn nicht und werde Israel nicht ziehen lassen.«

Aaron warf seinen Stab und er wurde zu einer Schlange.
Das Herz des Pharaos aber blieb hart und er hörte nicht auf sie.

Aaron schlug auf das Wasser des Nils und das Wasser wurde zu Blut.
Die Frösche stiegen aus dem Wasser und breiteten sich über Ägypten aus.
Aber das Herz des Pharaos war verhärtet und er hörte nicht auf sie.

Dann wurde das Land von Stechmücken heimgesucht.

*He spake the word: And there came all manner of flies*
*and the lice in all their quarters.*
*He spake: And the locusts came without number*
*and devour'd the fruits of the land.*

Er sprach das Wort: Da kamen alle Arten von Fliegen
und Läusen in ihre Wohnungen.
Er sprach: Und zahllose Heuschrecken kamen
und vernichteten die Früchte des Landes.

Über Ägypten breitete sich tiefe Finsternis aus, drei Tage lang.

Der Herr sprach zu Moses und Aaron:
»Um Mitternacht wird jeder Erstgeborene sterben.
Der Pharao selbst wird euch von hier fortjagen.
Sagt der ganzen Gemeinde Israel:
Für jedes Haus sollen sie sich ein Lamm ohne Makel holen.
In jener Nacht sollen sie das Fleisch essen, über dem Feuer gebraten, mit ungesäuertem Brot und Bitterkräutern, und mit dem Blut des Lammes die Türpfosten bestreichen.
Esst es hastig! Es ist die Paschafeier für den Herrn!«

Illustration von
Jean-Claude Götting (1999)

**CD 1** – 13: **Händel**, *Israel in Ägypten (Chor: »He spake the word ...«)*

# Die Zehn Gebote

## Das Bundesangebot Gottes (Ex 19, 20, 31, 32)

Die Israeliten kamen in der Wüste Sinai an. Sie schlugen gegenüber dem Berg ihr Lager auf. Am dritten Tag im Morgengrauen donnerte und blitzte es. Das ganze Volk begann zu zittern. Moses aber stieg den Berg hinauf.

Gott sprach zu Moses all diese Worte:
»Ich bin Jahwe, dein Gott, der dich aus Ägypten geführt hat.
Du sollst keine Götter haben außer mir.
Du sollst dir kein Bild von Gott machen.
Du sollst den Namen des Herrn nur voller Ehrfurcht aussprechen.
Du sollst den Sabbat heiligen.
Du sollst deinen Vater und deine Mutter ehren.
Du sollst nicht töten.
Du sollst nicht Ehe brechen.
Du sollst nicht stehlen.
Du sollst nicht falsch gegen deinen Nächsten aussagen.
Du sollst nicht nach dem Besitz deines Nächsten verlangen.«

Als das Volk sah, dass Moses noch immer nicht vom Berg herabkam, versammelte es sich um Aaron und sagte:
»Lasst uns Götter machen, die vor uns herziehen,
denn wir wissen nicht, was mit Moses geschehen ist.«
Aaron antwortete: »Nehmt die goldenen Ringe ab, die ihr an den Ohren tragt!«

Aaron schmolz das Gold ein und goss daraus ein Kalb.
Er baute einen Altar und zusammen mit Israel betete er das Kalb an.
Moses aber stieg vom Berg herab, die zwei Tafeln der Bundesurkunde in der Hand.
Auf der einen wie auf der anderen Seite waren sie beschrieben.

Miniatur, *Moses und die Gesetzestafeln* (14. Jh.)



**CD 1** – 14: Das Bundesangebot Gottes

# Das Goldene Kalb

## Moses zerschmettert die Gesetzestafeln (Ex 32, 34)

Als Moses dem Lager näher kam, sah er das Goldene Kalb und die Tänze,
sah, wie verwildert das Volk war.
Da schleuderte er die Tafeln fort und zerschmetterte sie am Fuße des Bergs.
Und als Moses sah, wie Aaron das Volk Israel hatte verwildern lassen,
rief er die Leviten um sich und sie erschlugen 3000 Mann.

| | |
|---|---|
| *Mephistopheles:* | Mephistopheles: |
| *Le veau d'or est toujours debout!* | Das Goldene Kalb steht immer noch! |
| *On encense sa puissance ...* | Ob seiner Macht wird Weihrauch verbrannt, |
| *D'un bout du monde à l'autre bout!* | von einem Ende der Welt zum anderen! |
| *Pour fêter l'infâme idole,* | Den schändlichen Götzen zu ehren, |
| *rois et peuples confondus,* | vermengen sich Könige und Volk, |
| *au bruit sombre des écus,* | zum dumpfen Klang der Taler |
| *dansent une ronde folle,* | tanzen sie irre Tänze |
| *autour de son piédestal ...* | rund um seinen Sockel. |
| *Et Satan conduit le bal, conduit le bal ...* | Und Satan führt den Tanz an, führt den Tanz an ... |
| *Chœur:* | Chor: |
| *Et Satan conduit le bal, conduit le bal ...* | Und Satan führt den Tanz an, führt den Tanz an ... |

Moses kehrte zum Herrn zurück und blieb dort,
vierzig Tage und vierzig Nächte.
Er aß kein Brot und trank kein Wasser.
Er schrieb die Worte des Bundes,
die heiligen Zehn, auf Tafeln.

Als er vom Berg Sinai hinabstieg,
wusste er nicht, dass die Haut seines Gesichtes leuchtete,
weil er mit dem Herrn geredet hatte.
Gott schenkte den Kindern Israels das Gelobte Land
und sie zogen dorthin, um es zu bewohnen.

Nicolas Poussin,
*Die Anbetung des Goldenen Kalbs* (1635)

**CD 1** – 15: **Gounod**, *Faust (2. Akt: »Le veau d'or est toujours debout!«)*

# Simson und Delila

## Simson und die Philister (Ri 13 bis 16, 18; 1 Sam 8)

| | |
|---|---|
| *Potens in terra erit semen ejus;* | Mächtig auf Erden wird sein Geschlecht sein; |
| *generatio rectorum benedicetur.* | die Gerechten werden gesegnet sein. |

Die Israeliten taten wieder, was dem Herrn missfiel. Der Herr setzte Richter ein, doch sie gehorchten auch ihren Richtern nicht. Deshalb entbrannte der Zorn des Herrn und er lieferte sie den Philistern und den Ammonitern aus.

Eine Frau gebar einen Sohn und nannte ihn Simson. Der Geist des Herrn kam über ihn und gab ihm Kraft, gegen die Philister zu kämpfen.

Simson verliebte sich im Tal Sorek in eine Frau namens Delila.
Da kamen die Philister zu ihr:
»Betöre ihn und finde heraus, wodurch er so große Kraft besitzt
und wie man ihn überwältigen kann.«
Sie setzte ihm mit ihrem Gerede jeden Tag mehr zu und bedrängte ihn,
bis er es zum Sterben leid wurde und ihr alles offenbarte:
»Würden mir die Haare geschoren, dann würde meine Kraft mich verlassen.«
Delila rief die Philister. Sie ließ Simson auf ihren Knien einschlafen und ein Mann schnitt ihm die sieben geflochtenen Locken vom Kopf. Danach stachen sie ihm die Augen aus.

| | |
|---|---|
| *Total eclipse! No sun, no moon,* | Nur Finsternis! Keine Sonne, kein Mond, |
| *all dark amidst the blaze of noon!* | alles bleibt dunkel, selbst im gleißenden Licht! |
| *Oh glorious light! No cheering ray,* | O glorreiches Licht! Kein froher Strahl |
| *to glad my eyes with welcome day!* | kann meine Augen mit dem Tag erquicken! |
| *Why thus depriv'd Thy prime decree?* | Warum beraubst du mich der ersten Schöpfungstat? |
| *Sun, moon, and stars are dark to me!* | Sonne, Mond und Sterne bleiben dunkel für mich! |

Damals gab es noch keinen König in Israel. Jeder tat, was ihm recht erschien.
Die Ältesten gingen deshalb zum Propheten Samuel.
Sie verlangten nach einem König,
der sie regieren sollte, wie es bei allen Völkern der Fall war.

Illustration von
Laurent Corvaisier (1999)

**CD 1** – 16: **Vivaldi**, *Beatus vir*
**Händel**, *Samson (Arie des Samson: »Total Eclipse«)*

# König David

## Der Sieg über die Philister (1 Sam 17, 18, 31; 2 Sam 5)

David war der jüngste von den Söhnen Isais und er war ein großer Held.
Mit einem Steinwurf seiner Schleuder hatte er Goliath erschlagen,
den Vorkämpfer der Philister.

| | |
|---|---|
| *Vive David, vainqueur des Philistins.* | Hoch lebe David, Bezwinger der Philister. |
| *L'Eternel a choisi, l'Eternel le soutient.* | Gott hat ihn auserwählt, Gott hat ihm geholfen. |
| *Saül tua ses mille et David ses dix mille.* | Saul hat Tausende erschlagen, David aber Zehntausende. |

Als die Philister gegen Israel kämpften, flohen die Israeliten vor ihnen.
Viele lagen erschlagen im Gebirge von Gilboa,
darunter auch Saul, der Schwiegervater Davids, und Sauls Söhne.

Alle Stämme Israels kamen zu David nach Hebron
und schlossen mit ihm einen Bund vor dem Herrn.
Sie salbten David zum König von Israel.
Der König zog mit seinen Männern nach Jerusalem gegen die Jebusiter.
David eroberte die Burg Zion; sie wurde die Stadt Davids.

Guido Reni, *David mit dem Haupt des Goliath* (um 1605)

**CD 1** – 17: **Honegger**, *Le Roi David: Chant de victoire*
**Honegger**, *Le Roi David: Marche des Philistines*

# David und Batseba

## Die Geburt Salomos (2 Sam 11, 12; 1 Kön 1)

Als David sich einmal zur Abendzeit auf das Dach des Palastes begab, sah er von dort eine sehr schöne Frau beim Bade. Es war Batseba, die Frau des Hetiters Urija.
David ließ nach ihr schicken. Sie kam zu ihm und er schlief mit ihr. David befahl:
»Stellt Urija nach vorn, wo der Kampf am heftigsten ist,
dann zieht euch von ihm zurück, sodass er getroffen wird und den Tod findet.«
Sobald die Trauerzeit vorüber war, ließ David Batseba holen.
Sie wurde seine Frau und gebar ihm einen Sohn.
Dem Herrn aber missfiel, was David getan hatte.
Das Kind wurde schwer krank. David flehte zu Gott und fastete streng
und schlief nachts auf der bloßen Erde. Am siebten Tag aber starb das Kind.
David tröstete seine Frau und sie gebar einen Sohn, der den Namen Salomo erhielt.
Gott liebte ihn.

*Je t'aimerai, Seigneur, d'un amour tendre,*
*Toi dont le bras me sut si bien défendre.*
*Dieu fut toujours mon fort, mon protecteur,*
*ma tour, ma roche et mon libérateur.*
*Je trouve en lui tout ce que je souhaite.*
*C'est mon bouclier, mon salut, ma retraite.*
*Dès qu'au besoin je l'invoque avec foi,*
*des ennemis délivré je me vois tel qu'un torrent;*
*ils pensaient me surprendre,*
*cent fois la mort ses filets me vint tendre*
*et tous les jours quelque péril nouveau*
*me conduisait sur le bord du tombeau.*

Ich werde dich lieben, o Herr, mit zärtlicher Liebe,
Dich, dessen Arm mich wohl erhält.
Gott war immer meine Feste, mein Beschützer,
mein Turm, mein Fels und mein Befreier.
In ihm finde ich alles, was ich mir wünsche.
Er ist mein Schild, mein Heil und meine Zuflucht.
Wenn ich ihn brauche, rufe ich ihn mit Vertrauen,
von den Feinden befreit bin ich wie ein Sturzbach;
sie wollten mich überraschen,
hundert Mal wollte der Tod seine Netze nach mir werfen
und jeder Tag brachte mit neuen Gefahren
mich an den Rand des Grabes.

König David war alt und hochbetagt. Auch wenn man ihn in Decken hüllte, wurde ihm nicht mehr warm. Er schwor Batseba:
»So wahr der Herr lebt, der mich aus jeder Gefahr errettet hat,
soll dein Sohn Salomo nach mir König sein.«

Cornelisz van Haarlem,
*Batseba im Bade* (1594)



**CD 1** – 18: **Honegger**, *Le Roi David (Psalm: »Je t'aimerai, Seigneur, d'un amour tendre«)*

# König Salomo

## Das Hohelied (1 Kön 4, 5, 6, 11; Hld 4 bis 7)

Salomo war König von ganz Israel.
Er unternahm es, Gottes Haus zu bauen.

Dieu te dit, un jour viendra où une fleur
fleurira de ta souche reverdie.
Et son parfum remplira tous les peuples d'ici-bas
du souffle de la vie.
Dieu te dit un jour viendra,
alleluia, alleluia,
où une fleur fleurira, alleluia, alleluia,
de ta souche reverdie.
alleluia, alleluia,
et son parfum remplira, alleluia, alleluia,
tous les peuples d'ici-bas du souffle de la vie.
Alleluia, alleluia ...

Gott sagt dir, dass eines Tages eine Blüte
aus deiner neu ergrünten Wurzel wachsen wird.
Und ihr Duft wird alle Völker hienieden
mit Lebenshauch erfüllen.
Gott sagt dir, dass dieser Tag kommen wird,
halleluja, halleluja,
an dem eine Blüte erblüht, halleluja, halleluja,
aus deiner neu ergrünten Wurzel.
Halleluja, halleluja,
und ihr Duft wird, halleluja, halleluja,
alle Völker hienieden mit Lebenshauch erfüllen.
Halleluja, halleluja ...

Salomo brachte dreitausend Sprichwörter und tausendundfünf Loblieder hervor. Der König liebte die Frauen sehr. Er hatte siebenhundert fürstliche Frauen und dreihundert Nebenfrauen. Sie betörten sein Herz. Salomo dichtete das Hohelied.
»Schön bist du, meine Freundin, ja, du bist schön.
Hinter dem Schleier deine Augen wie Tauben.
Dein Haar gleicht einer Herde von Ziegen.
Dem Riss eines Granatapfels gleicht deine Schläfe hinter deinem Schleier.
Wie schön sind deine Füße in ihren Sandalen!
Deiner Hüften Rund ist wie Geschmeide.
Dein Schoß ist ein rundes Becken, Würzwein mangelt ihm nicht.
Dein Leib ist ein Weizenhügel, mit Lilien umstellt.
Deine Brüste sind wie zwei Kitzlein, wie die Zwillinge einer Gazelle.
Dein Hals ist wie ein Turm aus Elfenbein.
Wie schön du bist und wie reizend, du Liebe voller Wonnen!
Wie eine Palme ist dein Wuchs; deine Brüste sind wie Trauben.«

Henri Matisse,
*Gesicht auf gelbem Hintergrund* (1952)

**CD 1** – 19: **Honegger**, *Le Roi David: La Mort de David*
– 20a: *Vortrag aus dem Hohelied*

H. M.

# Das Hohelied

## Das Ende von Salomos Herrschaft (Hld 7, 8; 1 Kön 11)

»Ich gehöre meinem Geliebten und ihm verlangt nach mir.
Komm, wandern wir auf das Land, schlafen wir in den Dörfern.
Früh wollen wir dann zu den Weinbergen gehen und sehen, ob der Weinstock schon treibt,
ob die Granatbäume blühen.

Seine Linke liegt unter meinem Kopf, seine Rechte umfängt mich.
Ich beschwöre euch, Töchter Jerusalems:
Stört die Liebe nicht auf, weckt sie nicht,
bis es ihr selbst gefällt.«

| | |
|---|---|
| *Pulchra es, amica mea,* | Schön bist du, meine Freundin, |
| *suavis et decora filia Jerusalem.* | liebliche, erquickende Tochter Jerusalems. |
| *Pulchra es, amica mea,* | Schön bist du, meine Freundin, |
| *suavis et decora sicut Jerusalem,* | lieblich und erquickend wie Jerusalem, |
| *terribilis ut castrorum acies ordinata.* | aber schrecklich wie die Heerscharen unter ihren Bannern. |
| *Averte oculos tuos a me,* | Wende deine Augen von mir ab, |
| *quia ipsi me avolare fecerunt.* | denn sie verwirren mich. |

Als Salomo älter wurde, verführten ihn seine Frauen zur Verehrung anderer Götter,
sodass er dem Herrn nicht mehr ungeteilt ergeben war wie sein Vater David.
Er baute den Götzen seiner Frauen Altäre.
Der Herr wurde zornig über Salomo
und kündigte ihm an, dass sein Reich zerfallen werde.

Marc Chagall,
*Das Hohelied I* (1952)



**CD 1** – 20b: **Monteverdi**, *Vespro della Beata Vergine: »Pulchra es, amica mea«*

# Der Prophet Elija

## Der Zorn Gottes (Sir 48)

Es gab Krieg
und die Kinder Israels wandten sich von den Geboten Gottes ab.

Da stand der Prophet Elija auf wie Feuer, seine Worte waren wie ein brennender Ofen.
Er ließ eine Hungersnot über sie kommen.

Auf Gottes Wort hin verschloss er den Himmel
und dreimal ließ er das Feuer herniederfallen.

*Ist nicht des Herrn Wort wie ein Feuer*
*und wie ein Hammer, der Felsen zerschlägt?*
*Gott ist ein rechter Richter und ein Gott,*
*der täglich droht; will man sich nicht bekehren,*
*so hat er sein Schwert gewetzt*
*und seinen Bogen gespannt und zielet!*

Wie Ehrfurcht gebietend warst du, Elija,
wer dir gleichkommt, kann sich rühmen.
Wohl dem, der dich sieht und stirbt;
denn auch er wird leben.

Russische Ikone,
*Der Prophet Elija* (19. Jh.)



**CD 1** – 21: **Mendelssohn**, *Elias (Arie des Elias: »Ist nicht des Herrn Wort ...«)*

# Nebukadnezar

## Die Zerstörung Jerusalems und die Verschleppung nach Babylon (2 Kön 24)

Aber die Kinder Israels und ihre Könige taten, was dem Herrn missfiel.
In seinen Tagen zog Nebukadnezar, der König von Babel, nach Jerusalem.
Er nahm alle Schätze des Hauses des Herrn und die Schätze des königlichen Palastes weg
und zerbrach alles goldene Gerät, das Salomo hatte anfertigen lassen.
Dann verschleppte er ganz Jerusalem nach Babylon,
nur die Geringen des Landes ließ er zurück.

*Va, pensiero, sull'ali dorate,*
*va, ti posa sui clivi, sui colli,*
*ove olezzano tepide e molli*
*l'aure dolci del suono natal!*
*Del Giordano le rive saluta,*
*di Sionne le torri atterrate.*
*Oh, mia patria si bella e perduta!*
*Oh, membranza si cara e fatal!*
*Arpa d'oro dei fatidici vati,*
*perché muta dal salice pendi?*
*Le memorie nel petto raccendi,*
*ci favella del tempo che fu!*
*O silile di Solima ai fati*
*traggi un suono di crudo lamento,*
*o t'ispiri il Signore und concento*
*che ne infonda al patire virtù!*

Zieh dahin, Gedanke, auf goldnen Flügeln,
lass dich auf den Hängen nieder, den Hügeln,
wo laue und sanfte Brisen
die süßen Düfte der Heimat verbreiten.
Grüße die Ufer des Jordans
und die gefällten Türme Zions.
Oh, meine Heimat, so schön und verloren,
oh, Erinnerung, so teuer und schmerzlich.
Goldene Harfe der prophetischen Seher,
warum hängst du stumm von den Zweigen der Weide?
Erwecke in unseren Herzen die Erinnerung,
erzähl uns von der vergangenen Zeit!
Oh, schick uns die Worte einer traurigen Klage,
die an das Schicksal Jerusalems gemahnt.
Oder möge der Herr dir Töne schenken,
die uns Kraft geben, unser Leid zu tragen!

Illustration von
Marcelino Truong (1999)



**CD 1** – 22: **Verdi**, *Nabucco (Gefangenenchor: »Va, pensiero«)*

# Der Prophet Jeremias

## Die Klagelieder (Kgl 1)

Nachdem die Kinder Israels verschleppt worden waren,
war Jerusalem entvölkert.
Da setzte sich der Prophet Jeremias hin und wehklagte:
»Weh, wie einsam sitzt da
die einst so volkreiche Stadt ...
Sie weint und weint des Nachts,
Tränen auf ihren Wangen.«

| | |
|---|---|
| *Incipit lamentatio Hieremiae Prophetae.* | So beginnt die Klage des Propheten Jeremias. |
| *Aleph.* | Aleph. |
| *Quomodo sedet sola civitas* | Wie einsam sitzt da |
| *plena populo facta est* | die einst so volkreiche Stadt. |
| *quasi vidua domina gentium,* | Einer Witwe wurde sie gleich, |
| *princeps provinciarum facta est sub tributo.* | die Große unter den Völkern; |
| | die Erste unter den Ländern |
| | ist zur Fron erniedrigt. |

Illustration von Jean-Marc Lanusse (1999)



**CD 1** – 23: **Gilles**, *Première Lamentation pour le Mercredi Saint au soir*

# Worte des Ekklesiasten

## Die Zeit und die Dauer (Koh 3)

Alles Geschehen unter dem Himmel hat seine Stunde und eine bestimmte Zeit:
Eine Zeit zum Gebären und eine Zeit zum Sterben,
eine Zeit zum Pflanzen und eine Zeit zum Ernten,
eine Zeit zum Töten und eine Zeit zum Heilen,
eine Zeit zum Niederreißen und eine Zeit zum Bauen,
eine Zeit zum Weinen und eine Zeit zum Lachen,
eine Zeit für die Klage und eine Zeit für den Tanz,
eine Zeit zum Steinewerfen und eine Zeit zum Steinesammeln,
eine Zeit zum Umarmen und eine Zeit, die Umarmung zu lösen,
eine Zeit zum Suchen und eine Zeit zum Verlieren,
eine Zeit zum Behalten und eine Zeit zum Wegwerfen,
eine Zeit zum Zerreißen und eine Zeit zum Zusammennähen,
eine Zeit zum Schweigen und eine Zeit zum Reden,
eine Zeit zum Lieben und eine Zeit zum Hassen,
eine Zeit für den Krieg und eine Zeit für den Frieden.

*Thalamus puerpere, thronus Salomonis,*
*pressus est caractere nove Babilonis;*
*regalis ecclesia sedet in tristicia,*
*rex custodit atrium ut fortis armatus,*
*tendit in exilium sanctorum senatus.*
*Hac fornace purius aurum se purgabit*
*et confractus melius iustus germinabit.*

Das Bett der Gebärenden, der Thron Salomos,
tragen den Stempel des neuen Babylon.
Die königliche Kirche herrscht in Traurigkeit,
der König bewacht den Eingang wie den einer Festung,
der Rat der Heiligen macht sich auf den Weg in die Verbannur
In diesem Ofen wird das Gold sich läutern
und zerbrochen bringt der Gerechte bessere Früchte hervor.

*Quomodo cantabimus sub iniqua lege?*
*Oves, qui attendimus? Lupus est in grege!*
*Decisis panniculis nostris offert oculis*
*Ihesus inconsutilis tunice scissuram,*
*suam iudex humilis sustinet pressuram.*
*O, quando duscutiet speluncam latronum,*
*quam tremendus veniet deus ulcionum.*

Wie sollen wir singen unter schändlichem Gesetz?
Schafe, was hören wir? Der Wolf ist in der Herde!
Mit zerfetzten Lumpen bietet Jesus unseren Augen
den Riss im Hemd ohne Nähte dar.
O wenn er die Höhle der Räuber zerstört,
wie schrecklich wird die Ankunft des Gottes der Rache sein!

Illustration von Aurélia Fronty (1999)



**CD 1** – 24: **Anonymus**, *Le Roman de Fauvel (Motette: »Quomodo cantabimus«)*

# Das Neue Testament
# Die Verkündigung
## Der Erzengel Gabriel bei Maria (Lk 1)

*Herrscher des Himmels, erhöre das Lallen,*
*lass dir die matten Gesänge gefallen,*
*wenn dich dein Zion mit Psalmen erhöht!*
*Höre der Herzen frohlockendes Preisen,*
*wenn wir dir jetzt die Ehrfurcht erweisen,*
*weil unsre Wohlfahrt befestiget steht.*

Zu der Zeit des Königs Herodes von Judäa wurde der Erzengel Gabriel in die Stadt Nazareth, in Galiläa, zu einer Jungfrau gesandt.
Ihr Name war Maria; sie war mit einem Mann namens Josef verlobt.

Der Engel sagte:
»Fürchte dich nicht, denn du hast bei Gott Gnade gefunden.
Du wirst ein Kind empfangen, einen Sohn wirst du gebären
und ihm den Namen Jesus geben.
Er wird groß sein und Sohn des Höchsten genannt werden.
Gott der Herr wird ihm den Thron seines Vaters David geben,
seine Herrschaft wird kein Ende haben.«

Fra Angelico,
*Die Verkündigung* (um 1450)



**CD 2** – 1: **Bach**, *Weihnachtsoratorium (Dritte Kantate: »Herrscher des Himmels ...«)*

# Die Heimsuchung

Maria besucht Elisabeth (Lk 1; Mt 1)

Maria machte sich auf den Weg und eilte zu ihrer Base Elisabeth.
Als sie eintrat und Elisabeth grüßte, hüpfte das Kind in Elisabeths Leib.
Da wurde Elisabeth vom Heiligen Geist erfüllt.

Mit lauter Stimme rief sie:
»Gesegnet bist du unter den Frauen! Und gesegnet ist die Frucht deines Leibes!«

Da sagte Maria:
»Meine Seele preist die Größe des Herrn
und mein Geist jubelt über Gott, meinen Heiland.«

| | |
|---|---|
| *Et exultavit spiritus meus in Deo salutari meo* | Und mein Geist jubelt über Gott, meinen Retter, |
| *quia expexit humilitatum ancillae:* | denn auf seine bescheidene Magd hat er geblickt: |
| *Ecce enim ex hoc beatam* | Siehe, von nun an preisen mich |
| *me dicent omnes generationes.* | selig alle Geschlechter. |
| *Quia fecit mihi magna, qui potens est,* | Denn der Allmächtige hat Großes mit mir vollbracht |
| *et sanctum nomen eius.* | und sein Name ist heilig. |

Das ist die Geschichte der Geburt Jesu Christi:
Maria, seine Mutter, war mit Josef verlobt. Noch bevor er mit ihr zusammen war, erwartete sie ein Kind durch das Wirken des Heiligen Geistes. Josef war gerecht; um sie nicht bloßzustellen, beschloss er, sich in aller Stille von ihr zu trennen.

Da erschien ihm ein Engel des Herrn im Traum:
»Josef, fürchte dich nicht, Maria als deine Frau zu dir zu nehmen; denn das Kind, das sie erwartet, ist vom Heiligen Geist. Sie wird einen Sohn gebären; er wird sein Volk retten und von seinen Sünden erlösen.«

Illustration von
Emily Walcker (1999)



**CD 2** – 2: **Vivaldi**, *Magnificat: »Et exultavit«*

# Die Heilige Nacht

## Die Geburt Jesu (Mt 2; Lk 2)

Jesus wurde in einem Stall geboren,
bei Bethlehem in Judäa,
zur Zeit des Königs Herodes.

| | |
|---|---|
| *Chantons Noël, menons joyeuse vie* | Lasset uns Weihnachten preisen und fröhlich sein, |
| *enfants d'honneur ayez de joye envye* | ihr Kinder der Ehre, frohlocket vor Wonne, |
| *car Dieu est nay, va l'ange racomptant,* | denn Gott ist geboren, das sagt uns der Engel. |
| *plaisons lui tant en lui recitant* | Erfreut ihn, indes wir verkünden, |
| *qu'il ne nous laisse mye et sa mère autant* | dass er uns Freude schenkt und seine Mutter |
| *en noël chantant sera bien notre amye.* | uns wohlgesonnen ist, wenn wir weihnachtlich singen. |
| *Gentils pasteurs, tristesse est en oublye,* | Freundliche Hirten, vergesset die Trauer, |
| *joye est au cieulx et en terre anoblye,* | Jubel im Himmel und auf der Erde, |
| *fuyez esmoy, ayez le cœur plaisant,* | entfliehet der Trübsal, tragt Liebe im Herzen, |
| *et en ce faisant Dieu vous va baysant* | tut dies, auf dass Gott euch liebe, |
| *que sa grace publye* | tut, was dem Satan missfällt, |
| *et en ce faisant sathan desplaisant* | auf dass seine Hand geschwächt werde. |
| *a la amin affoibly.* | |

Maria wickelte das Kind in Windeln
und legte es in eine Krippe.

Giotto,
*Geburt Christi* (um 1303)

**CD 2** – 3: **Pierre Certon**: *»Chantons Noël, menons joyeuse vie«*

# Die Hirten

## Der Besuch der Hirten (Lk 2)

In jener Gegend lagerten Hirten auf freiem Feld
und hielten Nachtwache bei ihrer Herde.

Da trat der Engel des Herrn zu ihnen
und der Glanz des Herrn umstrahlte sie und sie fürchteten sich sehr.
Der Engel sagte zu ihnen:
»Fürchtet euch nicht, denn ich verkünde euch eine große Freude!
Heute ist euch der Retter geboren, welcher ist Christus, der Herr.
Ihr werdet ein Kind finden, das in einer Krippe liegt.«

Die Hirten sagten zueinander:
»Kommt, wir gehen nach Bethlehem, um das Ereignis zu sehen.«

*Lasset uns nun gehen gen Bethlehem*
*und die Geschichte sehen, die da geschehen ist*
*und der Herr uns kundgetan hat.*

So eilten sie hin und fanden Maria und Josef
und das Kind, das in der Krippe lag.

Illustration von
David Alazraki (1999)



**CD 2** – 4: **Schütz**, *Weihnachtsoratorium: Die Hirten*

# Die Anbetung der Könige

## Die drei Weisen aus dem Morgenland und Herodes (Mt 2)

Drei Weise kamen aus dem Morgenland nach Jerusalem und fragten:
»Wo ist das neugeborene Kind? Wir haben seinen Stern aufgehen sehen
und sind gekommen, um ihm zu huldigen.«

*Wo ist der neugeborene König der Juden?*
*Wir haben seinen Stern gesehen im Morgenlande*
*und sind gekommen, ihn anzubeten.*

Als König Herodes das hörte, erschrak er und mit ihm ganz Jerusalem.
Er rief heimlich die drei Weisen zu sich und ließ sich von ihnen genau sagen,
wann der Stern erschienen war. Dann schickte er sie nach Bethlehem und sagte:
»Geht und forscht sorgfältig nach dem Kind,
dann will ich selber hingehen und ihm huldigen.«

*Ziehet hin und forschet fleißig nach dem Kindlein;*
*und wenn ihrs findet, so saget mir es wieder,*
*dass ich auch komme und es anbete.*

Die drei Weisen gingen.
Und der Stern, den sie hatten aufgehen sehen, zog vor ihnen her bis zu dem Ort,
wo das Kind war; dort blieb er stehen.
Sie betraten den Stall und sahen das Kind und Maria, da fielen sie vor ihm auf die Knie.
Dann holten sie ihre Schätze hervor und brachten ihm Gold, Weihrauch und Myrrhe
als Gaben dar. Weil ihnen im Traum geboten wurde, nicht zu Herodes zurückzukehren,
zogen sie auf einem anderen Weg heim in ihr Land.

Andrea Mantegna,
*Die Anbetung der Könige* (um 1464)

**CD 2** – 5: **Schütz**, *Weihnachtsoratorium: Die Heiligen Könige*
**Schütz**, *Weihnachtsoratorium: Herodes*

# Die Flucht nach Agypten

## Der Kindermord in Bethlehem (Mt 2)

Josef erschien ein Engel im Traum, der sagte:
»Steh auf, nimm das Kind und seine Mutter, und flieh nach Ägypten;
denn Herodes wird das Kind suchen, um es zu töten.«

Da stand Josef in der Nacht auf und floh mit dem Kind und dessen Mutter nach Ägypten.

Herodes merkte, dass die drei Weisen ihn getäuscht hatten.
Er wurde sehr zornig und ließ in Bethlehem und der ganzen Umgebung alle Knaben bis zum Alter von zwei Jahren töten.

Als Herodes tot war, erschien Josef ein Engel im Traum und gab ihm die Nachricht.
Da zog er mit dem Kind und dessen Mutter nach Galiläa zurück,
in eine Stadt namens Nazareth.

Rembrandt,
*Die Flucht nach Ägypten* (1627)

**CD 2** – 6: **Berlioz**, *L'Enfance du Christ: La Fuite en Égypte*

# Die Kindheit Christi

## Jesus im Tempel (Lk 2)

Das Kind wuchs heran und wurde kräftig; Gott erfüllte es mit Weisheit
und seine Gnade ruhte auf ihm.
Jedes Jahr gingen seine Eltern zum Osterfest nach Jerusalem.
Als er zwölf Jahre alt war, blieb er dort zurück, ohne dass seine Eltern es merkten.

Sie suchten ihn und fanden ihn im Tempel, mitten unter den Lehrern.
Er hörte ihnen zu und stellte Fragen.
Alle, die ihn hörten, waren erstaunt über sein Verständnis und über seine Antworten.

Seine Mutter sagte:
»Kind, wie konntest du uns das antun?
Dein Vater und ich haben dich voll Angst gesucht!«

Er erwiderte aber:
»Warum habt ihr mich gesucht?
Wusstet ihr nicht, dass ich in dem sein muss, was meinem Vater gehört?«
Doch sie verstanden nicht, was er damit sagen wollte.
Er kehrte mit ihnen nach Nazareth zurück.
Seine Mutter bewahrte alles, was geschehen war, in ihrem Herzen.
Jesus aber wuchs heran und seine Weisheit nahm zu
und er fand Gefallen bei Gott und den Menschen.

| | |
|---|---|
| *Benedictus, qui venit* | Gesegnet sei, der da kommt |
| *in nomine Domini.* | im Namen des Herrn. |
| *Hosanna in excelsis!* | Hosianna in der Höhe! |

Albrecht Dürer, *Jesus unter den Schriftgelehrten* (1506)



**CD 2** – 7: **Mozart**, *Krönungsmesse: Benedictus*

# Die Taufe Jesu

## Johannes der Täufer (Mt 3; Mk 1; Lk 3; Joh 1)

Pontius Pilatus
war Statthalter von Judäa.

In seinen Tagen predigte Johannes den Menschen
die Taufe der Buße zur Vergebung der Sünden am Jordan.
»Ich taufe euch nur mit Wasser,
aber einer wird kommen und euch mit dem Heiligen Geist taufen.«

Zu dieser Zeit kam auch Jesus aus Galiläa an den Jordan.
Johannes sah ihn auf sich zukommen und sagte:
»Seht das Lamm Gottes, das die Sünde der Welt auf sich nimmt.«

| | |
|---|---|
| *Agnus Dei,* | Lamm Gottes, |
| *qui tollis peccata mundi,* | du, der du die Sünden der Welt auf dich nimmst, |
| *miserere nobis.* | erbarme dich unser. |

Buntglasfenster,
*Die Taufe* (13. Jh.)



**CD 2** – 8: **Barber**, *Agnus Dei*

# Die Versuchung Jesu

## Die Begegnung mit dem Teufel (Mt 4; Mk 1; Lk 4)

Jesus war
an die dreißig Jahre alt.

Da wurde er vom Geist in die Wüste geführt;
dort wurde er vom Teufel versucht.

Vierzig Tage und Nächte lang fastete Jesus.
Dann bekam er Hunger.

Da trat der Versucher an ihn heran und sagte:
»Wenn du Gottes Sohn bist,
so befiehl, dass aus diesen Steinen Brot wird.«

Jesus aber antwortete:
»Es steht geschrieben: Der Mensch lebt nicht vom Brot allein,
sondern von jedem Wort, das aus Gottes Mund kommt.
Dem Herrn, deinem Gott, allein sollst du dienen.«

Darauf ließ der Teufel von ihm ab.

Elfenbeinminiatur,
*Die Versuchung Christi* (15. Jh.)

# Die ersten Jünger

## Die Hochzeit von Kana (Mt 4; Mk 1; Lk 4; Joh 1, 2)

Jesus ging nach Galiläa und verkündete das Evangelium Gottes.
»Kehrt um, die Zeit ist erfüllt, das Reich Gottes ist nahe!«

Als er am See von Galiläa entlangging, sah er zwei Brüder, Simon, genannt Petrus, und Andreas. Sie warfen ihr Netz aus, denn sie waren Fischer.
Er sagte zu ihnen:
»Folgt mir nach! Ich werde euch zu Menschenfischern machen.«
Sogleich ließen sie ihre Netze liegen und folgten ihm.

In Kana in Galiläa war Jesus mit seinen Jüngern zu einer Hochzeit eingeladen.
Als der Wein ausging, sagte seine Mutter zu ihm:
»Sie haben keinen Wein mehr.«
Und Jesus sagte:
»Füllt die Krüge mit Wasser.«
Und das Wasser verwandelte sich in Wein.
Und als der Vorsteher des Festmahls kostete, wusste er nicht,
woher der Wein gekommen war.

Danach zog Jesus durch Galiläa und heilte im Volk alle Krankheiten und Leiden.
Scharen von Menschen folgten ihm.

| | |
|---|---|
| *Venite ad me omnis qui laboratis,* | Kommt her zu mir, alle, die ihr mühselig |
| *omnes qui onerati estis et ego reficiam vos.* | und beladen seid, ich will euch erquicken. |
| *Tollite jugum meum super vos, et discite a me,* | Nehmt mein Joch auf und lernt von mir, |
| *quia mitis sum, et humilis corde;* | denn ich bin sanft und demütig, |
| *et invenientis requiem animabus vestris.* | so werdet ihr Ruhe finden für eure Seelen. |
| *Jugum enim meum suave est, et onus meum leve.* | Denn mein Joch drückt nicht<br>und meine Last ist leicht zu tragen. |

Paolo Veronese,
*Die Hochzeit von Kana* (1562)

**CD 2** – 10: **Schütz**, *Sinfoniae Sacrae op. 6: »Venite ad me omnes, qui laboratis«*

# Die Seligpreisungen

## Die Bergpredigt (Mt 5; Lk 6)

Jesus stieg auf einen Berg, um vor der Menge zu predigen. Seine Jünger traten zu ihm. Da begann er zu reden und lehrte sie. Er sagte:

»Selig, die arm sind vor Gott; denn ihnen gehört das Himmelreich.
Selig, die keine Gewalt anwenden; denn sie werden die Erde erben.
Selig die Trauernden; denn sie werden getröstet werden.
Selig, die hungern und dürsten nach Gerechtigkeit; denn sie werden satt werden.
Selig, die reinen Herzens sind; denn sie werden Gott sehen.
Leistet dem, der euch etwas Böses antut, keinen Widerstand.
Wenn dich einer auf die rechte Wange schlägt, dann halte ihm auch die linke hin.
Wenn dir einer das Hemd wegnimmt, dann lass ihm auch den Mantel.
Wenn dich einer zwingen will, eine Meile mit ihm zu gehen, dann gehe mit ihm zwei.
Wer dich bittet, dem gib, und wer von dir borgen will, den weise nicht ab.
Liebt eure Feinde, betet für jene, die euch verfolgen.
Häuft nicht Schätze an hier auf der Erde, sondern sammelt sie im Himmel,
denn dort, wo dein Schatz ist, da ist auch dein Herz.
Fragt euch nicht: Was sollen wir essen?
Was sollen wir trinken? Was sollen wir anziehen?
Sucht zuerst das Reich Gottes und seine Gerechtigkeit; alles andere werdet ihr erhalten.
Bittet und es wird euch gegeben; sucht und ihr werdet finden; klopft und es wird euch aufgetan.
Alles, was die Menschen für euch tun sollen, tut es selbst für sie.«

Als Jesus diese Rede beendet hatte, war die Menge sehr betroffen von seiner Lehre. Er stieg von dem Berg herab und ein Aussätziger kam zu ihm.
Jesus streckte die Hand aus, berührte ihn und sagte: »Ich will es – werde rein!«
Im gleichen Augenblick wurde dieser gesund.
Am Abend brachte man viele Besessene zu ihm und er trieb mit seinem Wort die Geister aus und heilte alle Kranken.

Tympanon des Portals der
Kathedrale von Chartres (12. Jh.)

**CD 2** – 11: **Franck**, *Quatrième Béatitude: »Bienheureux ceux qui ont faim et soif de justice ...«*

# Der Sturm auf dem See

## Jesus beruhigt die Elemente (Mt 8; Mk 4; Lk 8)

Als Jesus die vielen Menschen sah, die um ihn waren,
befahl er, ans andere Ufer zu fahren.

Er stieg in das Boot und seine Jünger folgten ihm.

Plötzlich brach ein gewaltiger Sturm los,
sodass das Boot von den Wellen überflutet wurde.
Jesus aber schlief.

Da traten die Jünger zu ihm und weckten ihn:
»Rette uns!«

| | |
|---|---|
| *Ipse vero dormiebat.* | Er aber schlief. |
| *Domine, salva nos, perimus.* | Herr, rette uns, wir gehen zugrunde. |

Und Jesus sprach:
»Warum habt ihr solche Angst? Habt ihr denn keinen Glauben?«

Dann stand er auf, drohte den Winden und dem See und es trat völlige Stille ein.

Jules-Joseph Meynier,
*Der schlafende Christus im Boot* (1826)



**CD 2** – 12: **Liszt**, *Christus: Das Wunder*

Jesus zog durch die Dörfer und durch die Städte.
Er verkündete das Evangelium, heilte die Kranken und die Besessenen.

Dann rief er die Zwölf zu sich und sagte:
»So sende ich euch aus, wie Schafe unter die Wölfe.«

Da begann Jesus, seinen Jüngern zu erklären, er müsse nach Jerusalem gehen
und dort von den Ältesten vieles erleiden;
er werde getötet werden, aber am dritten Tage werde er auferstehen.

Als er in Jerusalem Einzug hielt, fragten die Leute:
»Wer ist er?«
Und die Scharen, die ihm folgten, antworteten:
»Es ist Jesus, der Prophet aus Nazareth in Galiläa.«

Dann ging er in den Tempel und begann, die Händler zu vertreiben.
Er sagte zu ihnen:
»Mein Haus soll ein Haus des Gebetes sein. Ihr aber habt daraus eine Räuberhöhle gemacht.«

Im Tempel kamen Lahme und Blinde zu ihm
und er heilte sie.

Schule von Quentin Metsys,
*Jesus vertreibt die Händler aus dem Tempel* (14.–15. Jh.)

# Der Ölberg

## Die Lehren Jesu (Mt 22, 26; Mk 14; Lk 10, 22)

Jesus lehrte jeden Tag und das Volk lauschte seinen Worten.
Da beschlossen die Pharisäer, Jesus mit einer Frage eine Falle zu stellen.
Sie veranlassten einen Gesetzeslehrer, zu ihm zu gehen und ihn zu fragen:
»Welches Gesetz ist das wichtigste?«
Jesus antwortete ihm:
»Du sollst den Herrn, deinen Gott, lieben mit ganzem Herzen, mit ganzer Seele
und mit all deinen Gedanken.
Das ist das wichtigste und erste Gebot.
Ebenso wichtig ist das zweite:
Du sollst deinen Nächsten lieben wie dich selbst.«

Jesus sagte seinen Jüngern:
»In zwei Tagen beginnt das Osterfest; da wird der Menschensohn
von einem unter euch ausgeliefert und gekreuzigt werden.«

Darauf kam Jesus mit den Jüngern zu einem Garten, den man Getsemani nennt.
Er rief Petrus, Jakob und Johannes zu sich und sprach zu ihnen:
»Meine Seele ist zu Tode betrübt. Bleibt hier und wacht mit mir.«
Er ging ein Stück weiter, warf sich zu Boden und betete,
dass dieser Kelch an ihm vorbeigehe.
Doch Jesus sagte auch:
»Nicht wie ich will, sondern wie du willst.«
Als er zurückkam, fand er seine Jünger schlafend. Da sagte er:
»Wacht und betet, damit ihr nicht in Versuchung geratet.
Denn der Geist ist willig, aber das Fleisch ist schwach.«

Byzantinisches Mosaik,
*Jesus auf dem Ölberg* (6. Jh.)



**CD 2** – 14: **Mozart**, *Vesperae Solemnes De Confessore: »Laudate pueri Dominum«*

# Der Verrat durch Judas

## Der Judaskuss (Mt 26; Mk 14; Lk 22; Joh 18)

Während er noch redete, kam Judas, einer der Zwölf, mit einer Schar von Männern, die mit Schwertern und Knüppeln bewaffnet waren.
Die Hohepriester, die Schriftgelehrten und die Ältesten hatten sie geschickt.
Judas ging sogleich auf Jesus zu und gab ihm einen Kuss. Das war das verabredete Zeichen.
Dann fällte man einstimmig das Urteil über ihn: »Er ist schuldig und muss sterben.«
Einige spuckten ihm ins Gesicht.

| | |
|---|---|
| *Chorus: Heu!* | Chor: Wehe! |
| *Jesus: Unus ex vobis me tradit hodie.* | Jesus: Heute wird mich einer von euch verraten. |
| *Chorus: Heu!* | Chor: Wehe! |
| *Num quid ego, Rabbi?* | Bin ich es, Rabbi? |
| *Jesus: Tu dixisti.* | Jesus: Du sagst es. |
| *Pater mi, si fieri potest* | Mein Vater, wenn es möglich ist, |
| *transeat a me calix iste:* | dann nimm diesen Kelch von mir. |
| *Tamen non mea voluntas, sed tua fiat!* | Aber nicht mein Wille, sondern dein Wille geschehe! |
| *Simon, dormis?* | Simon, schläfst du? |
| *Chorus: Surgite eamus:* | Chor: Wacht auf! |
| *Ecce qui me tradit prope est.* | Hier kommt der, der mich verrät. |
| *Juda: Ave Rabbi!* | Judas: Sei gegrüßt, Rabbi! |
| *Jesus et chorus: Amice, ad quid venisti?* | Jesus und Chor: Freund, warum kommst du? |
| *Juda! Filium hominis tradis!* | Judas, du verrätst den Menschensohn! |
| *Jesus: Quem quaeritis?* | Jesus: Wen sucht ihr? |
| *Ego sum!* | Ich bin es! |
| *Chorus: Ecce turba multa cum gladiis et fustibus.* | Chor: Eine zahlreiche Menge, bewaffnet mit Schwertern und mit Stöcken. |
| *Jesum Nazarenum!* | Jesus Nazarenus! |
| *Abierunt retrorsum.* | Sie weichen zurück! |
| *Jesum Nazarenum!* | Jesus Nazarenus! |
| *Si ergo me quaeritis, sinite hos abire!* | Wenn ich es bin, den ihr sucht, dann lasst die hier gehen. |
| *Jesus et chorus: Si ergo me quaeritis, sinite hos abire!* | Jesus und Chor: Wenn ich es bin, den ihr sucht, dann lasst die hier gehen. |

Illustration von Agnès Audras, 1999



**CD 2** – 15: **Bouzignac**, *»Unus ex vobis me tradit hodie«*

## Der Kreuzweg (Mt 27; Mk 15; Lk 23; Joh 19)

Die Wachen schlugen ihn. Sie fesselten ihn und brachten ihn zu Pilatus, um ihn auszuliefern. Und sie riefen: »Kreuzige ihn!«
Da nahmen die Soldaten des Statthalters Jesus, zogen ihn aus und flochten ihm einen Kranz aus Dornen; den setzten sie ihm auf. Dann führten sie ihn hinaus, um ihn zu kreuzigen.
Es folgte eine große Menschenmenge, darunter auch Frauen, die weinten und wehklagten.

*Kommt, ihr Töchter, helft mir klagen!*
*Sehet! – Wen? – Den Bräutigam, seht ihn!*
*– Wie? – Als wie ein Lamm.*
*O Lamm Gottes, unschuldig*
*am Stamm des Kreuzes geschlachtet, sehet!*
*– Was? – Seht die Geduld, allzeit erfund'n geduldig,*
*wiewohl du warest verachtet.*
*Seht!*
*– Wohin? – Auf unsre Schuld;*
*all' Sünd' hast du getragen,*
*sonst müssten wir verzagen;*
*sehet ihn aus Lieb' und Huld*
*Holz zum Kreuze selber tragen.*
*Erbarm dich unser, o Jesu!*

Die Soldaten brachten Jesus an einen Ort namens Golgotha.
Dann kreuzigten sie ihn. Sie warfen das Los und verteilten seine Kleider unter sich.
Und Jesus rief:
»Vater, vergib ihnen, denn sie wissen nicht, was sie tun!«
Manche Vorbeigehenden verhöhnten ihn und sagten:
»Er hat den anderen geholfen, sich selbst hilft er nicht!«

Mit ihm waren zwei Räuber gekreuzigt worden, die beschimpften ihn auch.

Tizian, *Jesus unter dem Kreuz* (um 1560)



**CD 2** – 16: **Bach**, *Die Matthäuspassion: »Kommt, ihr Töchter ...«*

# Die letzten Worte Jesu

»Mein Gott, warum hast du mich verlassen?« (Mt 27; Mk 15; Lk 23; Joh 19)

Als die sechste Stunde kam, brach über das ganze Land eine Finsternis herein.
Sie dauerte bis zur neunten Stunde.

Jesus rief mit lauter Stimme:
»Mein Gott, warum hast du mich verlassen?«

Auch viele Frauen waren dort; zu ihnen gehörten Maria, seine Mutter, und Maria Magdalena.

Als Jesus seine Mutter sah und bei ihr den Jünger, den er liebte, sagte er:
»Frau, siehe, dein Sohn!« Dann sagte er zu dem Jünger:
»Siehe, deine Mutter!« Und von jener Stunde an nahm sie der Jünger zu sich.

| | |
|---|---|
| *Stabat mater dolorosa* | Da stand die Schmerzensmutter |
| *juxta crucem lacrimosa* | am Leidenskreuz |
| *dum pendebat filius.* | ihres geliebten Sohnes. |

Als Jesus wusste, dass nun alles vollbracht war, sagte er:
»Ich habe Durst.«

Einer lief hin, tauchte einen Schwamm in Essig, steckte ihn auf einen Stock
und hielt ihn Jesus hin.

Jesus aber schrie noch einmal laut auf:
»Vater, in deine Hände lege ich meinen Geist.«

Und er hauchte seinen Geist aus.

Paul Gauguin, *Der gelbe Christus* (1889)



**CD 2** – 17: **Pergolese**, *Stabat mater*

# Der Tod Jesu

## Die Grablegung (Mt 27; Mk 15; Lk 23; Joh 19)

| | |
|---|---|
| *Ave verum Corpus,* | Sei gepriesen, wahrhaftiger Leib, |
| *natum de Maria Virgine,* | aus der Jungfrau Maria geboren, |
| *vere passum, immolatum* | der du wahrhaftig gelitten hast |
| *in cruce pro homine.* | und warst gekreuzigt für die Menschen, |
| *Crejus, latus perforatum* | aus dessen Seite aufgerissen |
| *unda fluxit et sanguine;* | Wasser und Blut entströmte. |
| *esto nobis praegustatum* | Könnten wir nur, bei unserem Tod, |
| *in mortis examine.* | vor dem Gericht an deiner Seite sein. |

Der Vorhang im Tempel riss mitten entzwei.
Die Erde bebte und die Felsen spalteten sich.

Ein Jünger Jesu, Josef aus Arimathäa,
ging zu Pilatus und bat um den Leichnam.

Pilatus befahl, ihm diesen zu überlassen.

Josef nahm ihn und hüllte ihn in ein reines Leinentuch.
Dann legte er ihn in ein Grab, das er für sich hatte in den Felsen hauen lassen,
und wälzte einen großen Stein vor den Eingang.

Pietro da Rimini,
*Die Grablegung*
(Anfang des 14. Jh.)



**CD 2** – 18: **Mozart**, *Ave verum Corpus*

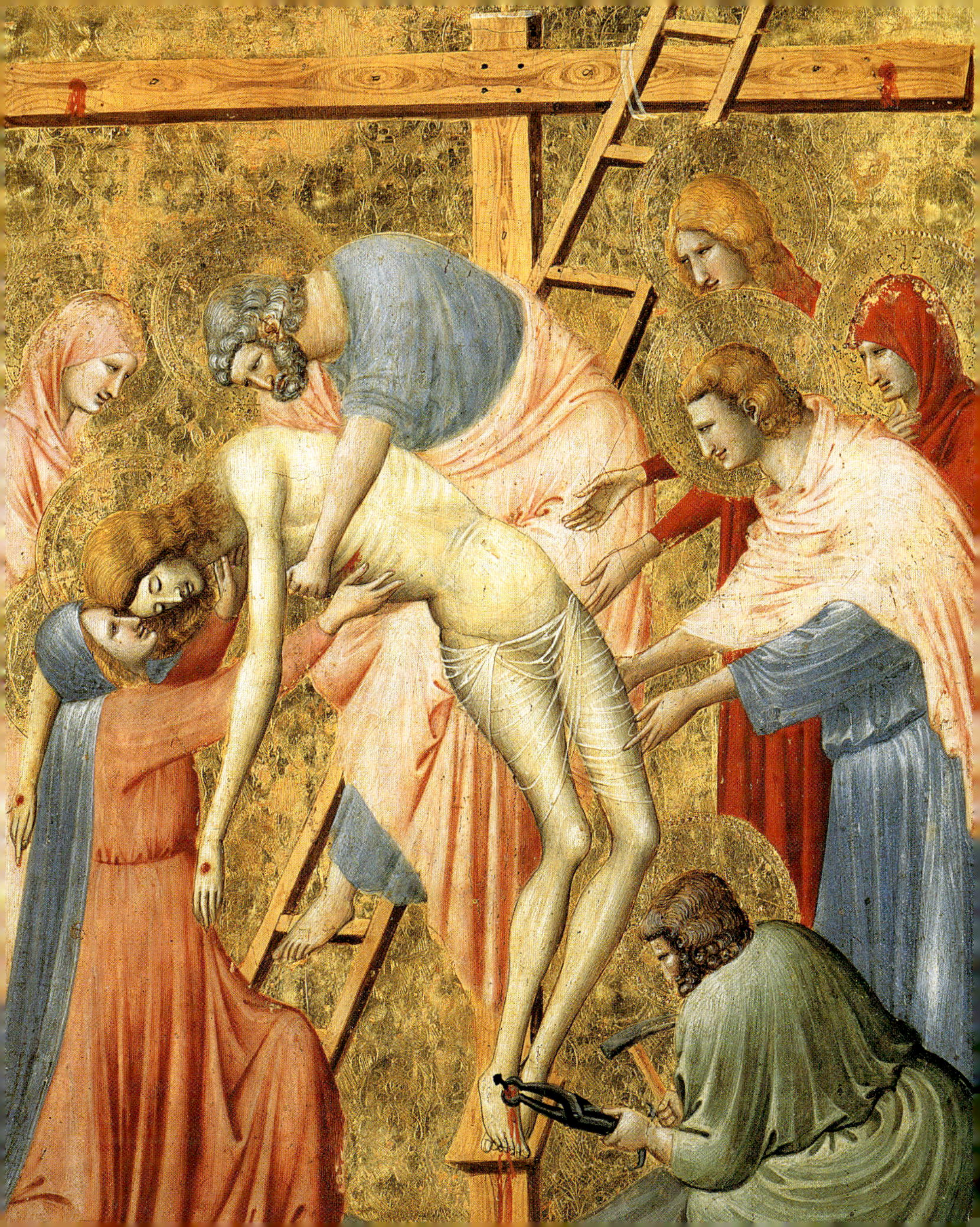

# Die Auferstehung Christi

## Die Erscheinung Jesu (Mt 28; Mk 16; Lk 24; Joh 20)

Am ersten Tag der Woche gingen die Frauen mit den wohlriechenden Salben,
die sie zubereitet hatten, in aller Frühe zum Grab.

Da sahen sie, dass der Stein vom Eingang weggewälzt war.
Sie suchten den Leichnam Jesu, fanden ihn aber nicht.
Plötzlich entstand ein Erdbeben; denn ein Engel des Herrn kam vom Himmel herab,
wälzte den Stein hinweg und setzte sich darauf.
Seine Gestalt leuchtete wie ein Blitz und sein Gewand war weiß wie Schnee.
Er sagte: »Fürchtet euch nicht! Ihr sucht Jesus, den Gekreuzigten.
Erinnert euch an das, was er in Galiläa gesagt hat: Am dritten Tage wird er auferstehen.
Nun aber geht und sagt seinen Jüngern, dass er nicht mehr unter den Toten ist!«

Die elf Jünger gingen nach Galiläa, wie Jesus es ihnen aufgetragen hatte.
Jesus trat auf sie zu und sagte: »Mir ist alle Macht gegeben im Himmel und auf der Erde.
Darum geht zu allen Völkern und macht alle Menschen zu meinen Jüngern;
tauft sie auf den Namen des Vaters, des Sohnes und des Heiligen Geistes.
Seid gewiss: Ich bin bei euch alle Tage bis zum Ende der Welt.«
Sie aber fielen vor ihm nieder. Dann kehrten sie in großer Freude nach Jerusalem zurück.
»Hallelujah! Denn der Herr, unser allmächtiger Gott, ist in sein Reich aufgestiegen
und herrscht dort in alle Ewigkeit.«

*Hallelujah, for the Lord God Omnipotent reigneth!*
*The Kingdom of this world has become the Kingdom*
*of our Lord and of his Christ,*
*and he shall reign for ever and ever.*
*King of Kings and Lord of Lords.*

Hallelujah! Denn Gott, der Allmächtige, herrschet!
Das Königreich dieser Welt ist zum Reich
unseres Herrn und seines Christus geworden
und er wird für immer und ewig herrschen,
König der Könige und Herr aller Herren.

Matthias Grünewald,
*Die Auferstehung* (1515)

**CD 2** – 19: **Händel**, *Der Messias (Chor: »Hallelujah!«)*

# CD 1
# Das Alte Testament

### 1: Die Schöpfung, erster und zweiter Tag
Jean-Ferry Rebel / *Les Élements*
*Le Chaos* (Rekonstruktion: Catherine Cessac)
Die Musiker des Louvre,
Marc Minkowski
Koproduktion Erato / Radio France

Joseph Haydn / *Die Schöpfung*
*Chor: »Und der Geist Gottes schwebte ...«*
Chöre von Radio Suisse Romande
und Pro Arte, Lausanne
Orchestre de Chambre de Lausanne,
Armin Jordan

### 2: Die Schöpfung, dritter und vierter Tag
Joseph Haydn / *Die Schöpfung*
*Arie des Raffael: »Rollend in schäumenden Wellen«*
*Einleitung zu »In vollem Glanze steiget jetzt die Sonne strahlend auf«*
Kurt Rydl (Raffael)
Orchestre de Chambre de Lausanne,
Armin Jordan

### 3: Der Abschluss der Schöpfung
Joseph Haydn / *Die Schöpfung*
*Chor: »Vollendet ist das große Werk«*
Chöre von Radio Suisse Romande
und Pro Arte, Lausanne
Orchestre de Chambre de Lausanne,
Armin Jordan

### 4: Das Paradies auf Erden
Schilderung des irdischen Paradieses

### 5: Der Sündenfall
Baldassare Galuppi / *Der Fall Adams*
*Duett von Adam und Eva: »Ah! Formidabil suono!«*
Ernesto Palacio (Adam)
Mara Zampieri (Eva)
I Solisti Veneti, Claudio Scimone

### 6: Die Arche Noah
Jean-Joseph Cassanea de Mondonville /
*Dominus regnavit*
*Elevaverunt flumina*
Les Arts Florissants, William Christie

### 7: Der Turmbau zu Babel
Anonymus / *Le Roman de Fauvel*
*Charivari*
The Boston Camerata, Joel Cohen

### 8: Abrahams Wanderung
Anonymus (Spanien, 15. Jh.)
*»Cuando el rey Nimrod«*
*»En ciudad noble y encina«*
Lynn Torgove (Sopran)
The Boston Camerata, Joel Cohen

### 9: Abrahams Nachkommenschaft

### 10: Jakobs Traum
Darius Milhaud / *Les rêves de Jacob*
*Premier rêve: »L'Échelle«*
Solisten des Nouvel Orchestre
Philharmonique
Jean-Louis Capezzeli (Oboe)
Jacques Prat (Geige)
Jean-Baptiste Brunier (Bratsche)
Daniel Raclot (Cello)
Jean-Marc Loisel (Kontrabass)
(Edition Heugel)
Koproduktion Erato / Radio France

**11: Josef in Ägypten**
Georg Friedrich Händel /
*Israel in Ägypten*
*Ouvertüre: Klagen der Israeliten über den Tod Josefs*
Monteverdi Orchestra, John Eliot Gardiner

**12: Der brennende Dornbusch**
Georg Friedrich Händel /
*Israel in Ägypten*
*Erster Teil: Der Exodus*
*Chor: »And the Children of Israel ...«*
Christopher Royall, Kontratenor
Monteverdi Choir and Orchestra,
John Eliot Gardiner

**13: Die Geißel Ägyptens**
Georg Friedrich Händel /
*Israel in Ägypten*
*Erster Teil: Der Exodus*
*Chor: »He Spake the Word«*
Monteverdi Choir and Orchestra,
John Eliot Gardiner

**14: Die Zehn Gebote**
Das Bundesangebot Gottes

**15: Das Goldene Kalb**
Charles Gounod / *Faust*
*2. Akt: »Le veau d'or est toujours debout!«*
Paul Plishka (Mephistopheles)
Chœur de L'Opéra du Rhin (Dir. Gunter Wagner)
Orchestre Philharmonique de Strasbourg,
Alain Lombard

**16: Simson und Delila**
Antonio Vivaldi / *Beatus vir*
*Potens in terra*
Philippe Huttenlocher (Bariton)
Orchestre de Chambre de Lausanne,
Michel Corboz
Georg Friedrich Händel / *Samson*
*Arie des Samson: »Total Eclipse«*
Robert Tear (Tenor)
English Chamber Orchestra, Raymond Leppard

**17: König David**
Arthur Honegger / *Le Roi David*
*Chant de victoire*
*Marche des Philistins*
Chorale Philippe Caillard (Dir. Philippe Caillard)
Ensemble Instrumental, Charles Dutoit
(Editions Salabert)

**18: David und Batseba**
Arthur Honegger / *Le Roi David*
*Psalm: »Je t'aimerai, Seigneur, d'un amour tendre«*
Chorale Philippe Caillard (Dir. Philippe Caillard)
Ensemble Instrumental, Charles Dutoit
(Editions Salabert)

**19: König Salomo**
Arthur Honegger / *Le Roi David*
*La Mort de David*
Chorale Philippe Caillard (Dir. Philippe Caillard)
Ensemble Instrumental, Charles Dutoit
(Editions Salabert)

**20: Das Hohelied**
Claudio Monteverdi / *Vespro della Beata Vergine*
*Pulchra es, amica mea*
Jennifer Smith, Audrey Michael (Sopran)
Ensemble d'Instruments Anciens, Michel Corboz

**21: Der Prophet Elija**
Felix Mendelssohn-Bartholdy / *Elias*
*Erster Akt*
*Arie des Elias: »Ist nicht des Herrn Wort*
*wie ein Feuer«*
Benjamin Luxon (Bariton)
Orchester Gulbenkian de Lisboa
Michel Corboz

**22: Nebukadnezar**
Giuseppe Verdi / *Nabucco*
*Dritter Akt*
*Gefangenenchor: »Va, pensiero«*
Chor (Dir. Norbert Balatsch) und Orchester der
Académie Nationale de Sainte-Cécile,
Carlo Rizzi

**23: Der Prophet Jeremias**
Jean Gilles / *Première Lamentation pour le Mercredi Saint au soir*
Anne Azéma (Sopran)
William Hite, Christopher Kale (Tenöre)
Danile McCabe (Bassbariton)
The Boston Camerata, Joel Cohen
(Edition: Société Musicologique du Languedoc
Realisation: Michel Prada)

**24: Worte des Ekklesiasten**
Anonymus / *Le Roman de Fauvel*
*»Quomodo cantabimus«*
Ensemble Project Ars Nova, Joel Cohen



# CD 2
# Das Neue Testament

**1: Die Verkündigung**
Johann Sebastian Bach / *Weihnachtsoratorium BWV 248*
*Dritte Kantate: »Herrscher des Himmels, erhöre das Lallen«*
Ensemble Vocal et Orchestre de Chambre de Lausanne, Michel Corboz

**2: Die Heimsuchung**
Antonio Vivaldi / *Magnificat RV 610: »Et exsultavit«*
Uta Spreckelsen (Sopran), Hanna Schaer (Alt),
Jean-Pierre Maurer (Tenor)
Ensemble Vocal et Orchestre de Chambre de Lausanne, Michel Corboz

**3: Die Heilige Nacht**
Pierre Certon / *»Chantons Noël, menons joyeuse vie«*
William Hite (Tenor)
The Boston Camerata, Joel Cohen

**4: Die Hirten**
Heinrich Schütz / *Weihnachtsoratorium*
*Die Hirten*
Luc de Meulenaere, Peter Icks, Jan Caals (Kontratenöre)
Musica Polyphonica, Louis Devos

**5: Die Anbetung der Könige**
Heinrich Schütz / *Weihnachtsoratorium*
*Die Heiligen Könige*
*Herodes*
Jan Caals, Ludwig van Gijseghem,
Marc Meersman (Tenöre),
Dirk van Croonenborgh (Bass)
Musica Polyphonica, Louis Devos

**6: Die Flucht nach Ägypten**
Hector Berlioz / *L'Enfance du Christ*
*Ouvertüre: La fuite en Égypte*
Orchestre de l'Opéra de Lyon,
John Eliot Gardiner
Oper Lyon: Leitung Louis Erlo & Jean-Pierre Brossmann
Koproduktion Erato / Cascavelle / France Musique / Opéra de Lyon

**7: Die Kindheit Christi**
Wolfgang Amadeus Mozart / *Krönungsmesse KV 317: Benedictus*
Barbara Schlick (Sopran),
Elisabeth von Magnus (Alt),
Paul Agnew (Tenor),
Matthijs Mesdag (Bass)
The Amsterdam Baroque Orchestra and Choir,
Ton Koopman

**8: Die Taufe Jesu**
Samuel Barber / *Agnus Dei*
The Choir of New College, Oxford,
Edward Higginbottom
(Editions Schirmer)

**9: Die Versuchung Jesu**

**10: Die ersten Jünger**
Heinrich Schütz / *Sinfoniae Sacrae op. 6: »Venite ad me omnes qui laboratis«*
John Elwes (Tenor)
Les Saqueboutiers de Toulouse

**11: Die Seligpreisungen**
César Franck / *Les Béatitudes (Quatrième Béatitude): »Bienheureux ceux qui ont faim et soif de justice, car il seront rassasiés«*
Nouvel Orchestre Philharmonique, Armin Jordan
Koproduktion Erato / Radio France,
unter der Schirmherrschaft der Communauté des Radio publiques de Langue Française;
die Aufnahme erfolgte 1985 in Zusammenarbeit mit der Firma Europe Computer Systems

ecs Radio France

**12: Der Sturm auf dem See**
Franz Liszt / *Christus, Das Wunder: »Ipse vero dormiebat«*
Peter Lindroos (Tenor)
Slowakischer Philharmonischer Chor
(Dir. Pavel Prochazaka)
Rotterdams Philharmonisch Orkest,
James Conlon

**13: Die Ankündigung von Leid und Auferstehung**

**14: Der Ölberg**
Wolfgang Amadeus Mozart / *Vesperae Solemnes De Confessore, KV 339: »Laudate pueri Dominum«*
The Amsterdam Baroque Orchestra
and Choir, Ton Koopman

Bull

**15: Der Verrat durch Judas**
Guillaume Bouzignac / *»Unus ex vobis me tradit hodie«*
Daniel McCabe (Bassbariton)
The Boston Camerata and Schola Cantorum of Boston, Joel Cohen

**16: Gefangennahme und Kreuzigung**
Johann Sebastian Bach / *Die Matthäuspassion: »Kommt ihr Töchter, helft mir klagen!«*
Ensemble Vocal et Orchestre de Chambre de Lausanne, Michel Corboz

**17: Die letzten Worte Jesu**
Giovanni Battista Pergolese / *Stabat mater: »Stabat mater«*
Ileana Cotrubas (Sopran),
Lucia Valentini-Terrani (Alt)
I Solisti Veneti, Dir. Claudio Scimone

**18: Der Tod Jesu**
Wolfgang Amadeus Mozart / *Ave verum Corpus, KV 618*
The Amsterdam Baroque Orchestra & Choir,
Ton Koopman

Bull

**19: Die Auferstehung Christi**
Georg Friedrich Händel / *Der Messias: »Hallelujah!«*
English Chamber Choir (Dir. Terry Edwards) & Orchestra, Raymond Leppard

# Bildnachweis

**Umschlag vorne:** Illustration von Olivier André, 1999. **1:** Illustration von Jean-Marc Lanusse, 1999. **3:** Anonymus, *Die Schöpfung*, Miniatur, französische Bibel, 14. Jh.; Musée Condé, Chantilly. **5:** Miniatur, Luchino Belbello aus Pavia zugeschrieben (15. Jh.), Bibel der Este, Barb. Lat. 613; Bibliothek des Vatikans. **7:** Michelangelo (1475-1564), *Die Erschaffung Adams*, Ausschnitt; Fresko der Sixtinischen Kapelle, Rom. **9:** Hieronymus Bosch (1453-1516), *Der Garten der Lüste*, Ausschnitt; Prado, Madrid. **11:** Masaccio (1401-1428), *Die Vertreibung aus dem Paradies*; Kapelle Brancacci, Santa Maria del Carmine, Florenz. **13:** Illustration von Olivier Tallec, 1999 **15:** Pieter Bruegel d. Ä., (1525-1569), *Der Turmbau zu Babel*; Kunsthistorisches Museum, Wien. **17:** Illustration von Olivier André, 1999. **19:** Victor Orsel (1795-1850), *Sara stellt Abraham Hagar vor*; Musée des Beaux-Arts, Lyon. **21:** Illustration von Nicolas Thers, 1999. **23:** Jean-Adrien Guignet (1816-1854), *Josef deutet den Traum des Pharaos*; Musée des Beaux-Arts, Rouen. **25:** Raffael (1483-1520), *Moses vor dem brennenden Dornbusch*, Ausschnitt, Fresko; Loggie del Vaticano, Rom. **27:** Illustration von Jean-Claude Götting, 1999. **29:** Miniatur, *Moses und die Gesetzestafeln*, Bibel, veröffentlicht von M. de Guiart des Moulins, frühes 14. Jh. **31:** Nicolas Poussin (1594-1665), *Die Anbetung des Goldenen Kalbs*; National Gallery, London. **33:** Illustration von Laurent Corvaisier, 1999. **35:** Guido Reni (1575-1642), *David mit dem Haupt des Goliath*; Musée du Louvre, Paris. **37:** Cornelisz van Haarlem, *Batseba im Bade*; Rijksmuseum, Amsterdam. **39:** Henri Matisse (1869-1954), *Gesicht auf gelbem Hintergrund*; Musée national d'art moderne, Centre Pompidou, Paris. **41:** Marc Chagall (1887-1985), *Das Hohelied I*, Ausschnitt; Musée Message Biblique Marc Chagall, Nizza. **43:** Russische Ikone (19. Jh.), *Der Prophet Elija*; Privatsammlung, Frankfurt. **45:** Illustration von Marcelino Truong, 1999. **47:** Illustration von Jean-Marc Lanusse, 1999. **49:** Illustration von Aurélia Fronty, 1999. **51:** Fra Angelico (1387-1455), *Die Verkündigung*; Convento San Marco, Florenz. **53:** Illustration von Emily Walcker, 1999. **55:** Giotto (1266-1337), *Geburt Christi,* Fresko aus dem Zyklus der Geschichte Christi; Capella dell'Arena, Padua. **57:** Illustration von David Alazraki, 1999. **59:** Andrea Mantegna (1431-1506), *Die Anbetung der Könige*, Ausschnitt; J. Paul Getty Museum, Malibu. **61:** Rembrandt (1606-1669), *Die Flucht nach Ägypten*; Musée des Beaux-Arts, Tours. **63:** Albrecht Dürer (1471-1528), *Jesus unter den Schriftgelehrten*; Sammlung Thyssen, Lugano. **65:** Buntglasfenster, *Die Taufe*; La Sainte-Chapelle, Paris. **67:** Elfenbeinminiatur, *Szenen aus dem Leben Christi: Die Versuchung Christi*; Musée de Cluny, Paris.

**69:** Paolo Veronese (1528-1588), *Die Hochzeit von Kana*, Ausschnitt; Musée du Louvre, Paris. **71:** Tympanon des Königsportals der Kathedrale von Chartres, *Die Himmelfahrt*, 12. Jh. **73:** Jules-Joseph Meynier (1768-1832), *Der schlafende Christus im Boot*; Musée municipal, Cambrai. **75:** Schule von Quentin Metsys (1466-1530), *Jesus vertreibt die Händler aus dem Tempel*; Musée Royal des Beaux-Arts, Anvers. **77:** Byzantinisches Mosaik (6. Jh.), *Jesus auf dem Ölberg*; Ravenna. **79:** Illustration von Agnès Audras, 1999. **81:** Tizian (1488-1576), *Jesus unter dem Kreuz*; Eremitage, St. Petersburg. **83:** Paul Gauguin (1848-1903), *Der gelbe Christus*; Albright-Knox Art Gallery, Buffalo. **85:** Pietro da Rimini (erste Hälfte des 14. Jh.), *Die Grablegung*; Musée du Louvre, Paris. **87:** Matthias Grünewald (1445-1530), *Die Auferstehung*, Flügel des Isenheimer Altars; Musée d'Unterlinder, Colmar.

# NACHWEIS DER FOTOGRAFIEN

© Adagp, Paris: 41; A.K.G. Paris: 7, 9, 15, 25, 29, 31, 35, 43, 51, 55, 81; David Alazraki: 57; Olivier André: 17; Artephot: 63; Agnès Audras: 79; Bridgeman: 59; Laurent Corvaisier: 33; Dagli Orti: 19; D.R.: 95; Aurélia Fronty: 49; Giraudon: 3, 23, 61, 71, 73, 75, 77, 87; Jean-Claude Götting: 27; Jean-Marc Lanusse: 47; © Nachlass Henri Matisse / Foto Musée National d'Art Moderne, Ph. Migeat: 39; Maurice Pommier: 93; Rijksmuseum: 37; RMN: 41, 65, 67, 69, 83, 85; Scala: 11; Olivier Tallec: 13; Nicolas Thers: 21; Marcelino Truong: 45; Biblioteca Vaticana: Umschlag, 5; Emily Walcker: 53.

# INHALTSVERZEICHNIS DES BUCHES

**DAS ALTE TESTAMENT / CD 1**



**DAS NEUE TESTAMENT / CD 2**

# Abkürzungen der biblischen Bücher

| | |
|---|---|
| **Ex:** | Das Buch Exodus (5. Buch Mose) |
| **Gen:** | Das Buch Genesis (1. Buch Mose) |
| **Hld:** | Das Hohelied |
| **Joh:** | Das Evangelium nach Johannes |
| **Klgl:** | Die Klagelieder |
| **Koh:** | Das Buch Kohelet |
| **1 Kön:** | Das erste Buch der Könige |
| **2 Kön:** | Das zweite Buch der Könige |
| **Lk:** | Das Evangelium nach Lukas |
| **Mk:** | Das Evangelium nach Markus |
| **Mt:** | Das Evangelium nach Matthäus |
| **Ps:** | Die Psalmen |
| **Ri:** | Das Buch der Richter |
| **1 Sam:** | Das erste Buch Samuel |
| **2 Sam:** | Das zweite Buch Samuel |
| **Sir:** | Das Buch Jesus Sirach |

Für **ERATO DISQUES**

Originalfassung: Ysabelle Van Wersch-Cot

CDs:
Entwurf, künstlerische Leitung, Projektleitung:
Ysabelle Van Wersch-Cot
Technische Leitung: Ysabelle Van Wersch-Cot

Für **GALLIMARD JEUNESSE**

Projektleitung: Paule du Bouchet

Buch:
Layout: David Alazraki
Redaktionelle Koordination: Marine de Pierrefeu
Ikonographie: Marine de Pierrefeu
Herstellung: Claire Babin

Die deutsche Bibliothek – CIP-Einheitsaufnahme

Musik zur Bibel [Medienkombination] : das Alte und Neue Testament / Texte von Hélène Bleskine nach der Bibel. Aus dem Franz. von Cornelia Panzacchi. - München : Ars-Ed.
ISBN 3-7607-1809-4

Quellennachweis der Zitate:
Einheitsübersetzung der Heiligen Schrift


Aus dem Französischen von: Dr. Cornelia Panzacchi
Redaktion der deutschen Ausgabe: Magda-Lia Bloos, Heike John
Theologische Beratung: Holger Johannes
Umschlaggestaltung der deutschen Ausgabe: Eva Schindler

Sprecher der CDs: Fabian von Klitzing
Regie der deutschen Fassung: Marita Köster
Aufgenommen bei Robisound, Dachau

Originally published in France by Éditions Gallimard Jeunesse
Titel der Originalausgabe: »La Bible en musique«


Printed in Italy

ISBN 3-7607-1809-4